AF533730

KLARTEXT

Gerhard Launer

ERFURT
VON OBEN

Die schönsten Luftbilder der Stadt

GERHARD LAUNER,

Jahrgang 1949, wollte eigentlich Musiker werden. Doch aufgrund eines Unfalls musste er dieses Ziel aufgeben und wurde stattdessen Diplom-Grafikdesigner. Bereits während des Studiums erlangte er die Privatpilotenlizenz und später die Berufspilotenlizenz. Als Luftbildfotograf verbindet Gerhard Launer seine Interessen Fotografie und Fliegen. Mittlerweile hat er nahezu jede Stadt, jede Ortschaft und jede Sehenswürdigkeit in Deutschland fotografiert. Jedes seiner Bilder bietet neue Entdeckungen von oben, macht Landschaften zu Gemälden und zeigt ihre besonderen Strukturen und Charakteristika.

www.wfl-gmbh.de

Bibliografische Information der Deutschen Nationalbibliothek
Die Deutsche Nationalbibliothek verzeichnet diese Publikation in der Deutschen Nationalbibliografie; detaillierte bibliografische Daten sind im Internet über http://dnb.dnb.de abrufbar.

IMPRESSUM

1. Auflage Oktober 2021
Satz und Gestaltung: Joachim Bartels
Umschlagfotos: Gerhard Launer
Umschlaggestaltung: Joachim Bartels
Druck und Bindung: Linsen Druckcenter GmbH, Siemensstr. 12-14, 47533 Kleve

ISBN 978-3-8375-2265-5

KLARTEXT

Jakob Funke Medien Beteiligungs GmbH & Co. KG
Jakob-Funke-Platz 1, 45127 Essen
info.klartext@funkemedien.de
www.klartext-verlag.de

INHALT

VORWORT

Gerhard Launers faszinierende Luftbilder nehmen uns mit auf eine spannende Reise durch Erfurt. Wie ein Labyrinth ziehen sich die roten Dächer der Fachwerkhäuser durch die Stadt. Diese und andere typische Sehenswürdigkeiten wie die antike Stadtmauer, den Erfurter Dom oder die Krämerbrücke hat der renommierte Luftbildfotograf auf seiner Rundreise über die Thüringer Landeshauptstadt mit brillanten Panorama- und Momentaufnahmen eindrucksvoll eingefangen.
Seine Fotografien bieten ein doppeltes sinnliches Vergnügen, weil sie erhabene Übersichten mit einem überwältigenden Detailreichtum vereinen – die aus der Vogelperspektive beobachteten Architekturen der Stadt- und Naturräume faszinieren zudem durch ihre Formen und Farben.

Wer Erfurt und sein urbanes Leben, seine historischen Bauten, seine Gewässer und Naturansichten aus einem nie gesehenen Blickwinkel bestaunen möchte, kommt beim Betrachten dieses Bildbands voll und ganz auf seine Kosten. Ein Fotobuch, das Lust darauf macht, Erfurt auf jeder Seite neu zu erleben.

Achim Nöllenheidt

JACK&JONES
VERO MODA

ANSICHTEN

Historische Fassade der Hauptpost am Anger

Die Kaufmannskirche am östlichen Rand des Angers

Bekanntes Wahrzeichen der Stadt: die Krämerbrücke (Nordseite)

ZVM BREITEN HERD
GILDE

Haus zum Breiten Herd (links) und
Gildehaus (rechts) am Fischmarkt

Historische Wohnhäuser in der Horngasse an der Gera

Von der Paulskirche in der Altstadt ist nur noch der Paulsturm erhalten.

Theater Erfurt mit Theaterplatz

Start- und Landebahn des Flughafens Erfurt-Weimar

Parkende Flugzeuge am Flughafen Erfurt-Weimar

| Universitätsbibliothek Erfurt

Eingang Thüringer Zoopark Erfurt

Betriebshof und Zentrale der Erfurter Verkehrsbetriebe

TECHNISCHES DENKMAL
UND MUSEUM

Die Neue Mühle an der Schlösserbrücke
ist ein technisches Museum.

Das Steigerwaldstadion, im Vordergrund die Halle des Eissportzentrums Erfurt (rechts) und die Hartwig-Gauder-Halle (Leichtathletikhalle Erfurt)

Thüringenhaus am Juri-Gagarin-Ring

| Augustinerkloster – hier lebte Martin Luther zwischen 1505 und 1511 als Mönch.

Markante Gebäude am Hirschlachufer und an der Regierungsstraße, vorne der Springbrunnen vor der Staatskanzlei im Hirschgarten

IM & AM WASSER

Wasserlandschaft am Stadtrand:
Sulzer See, Schwerborner See,
Stotternheimer See
und weitere kleine Seen

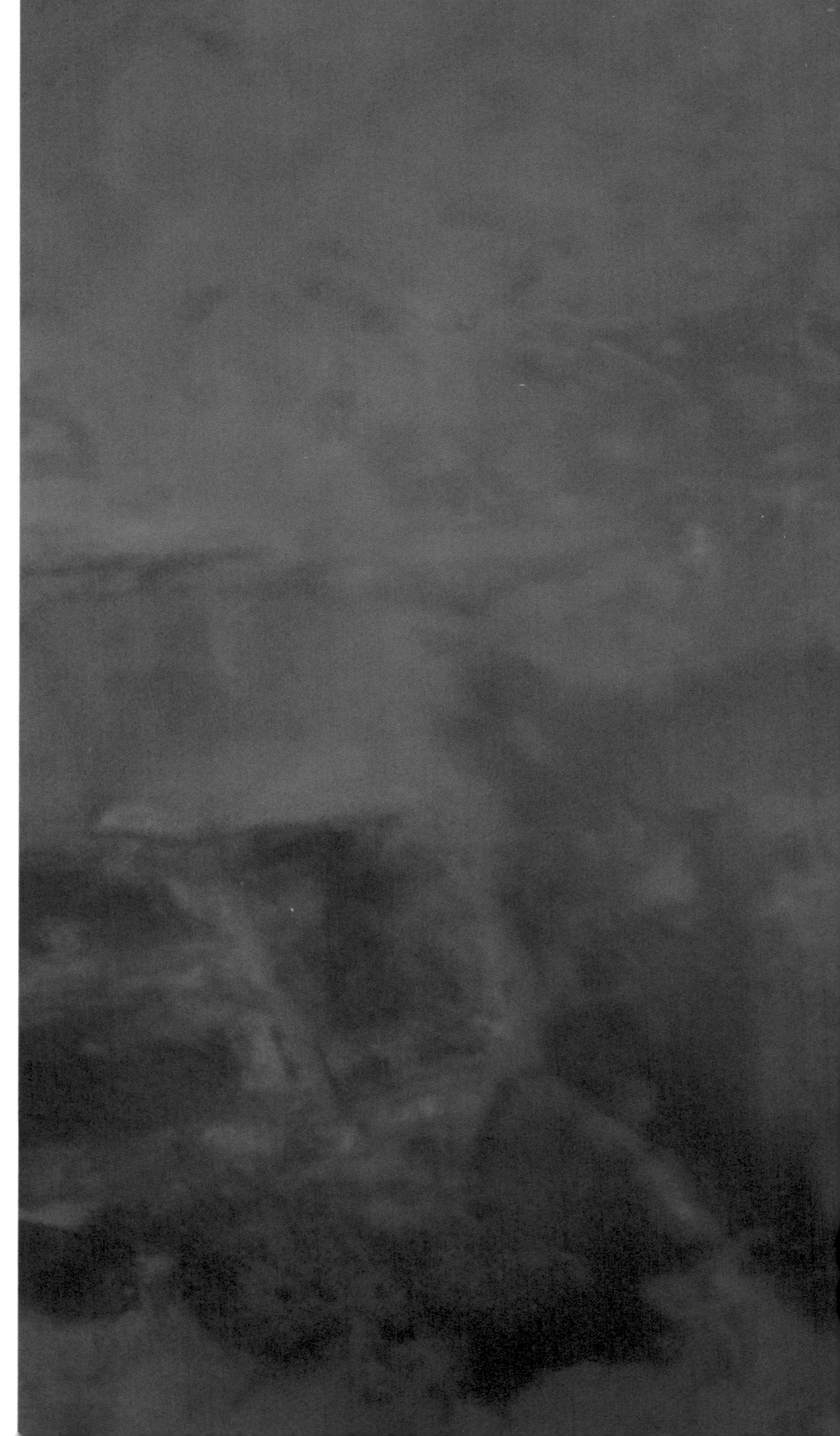

I Neuer Kiessee

Badespaß im Freizeit- und Erholungspark Nordstrand

Wasserski-Anlage Nordstrand

Sandstrand am Freizeit- und Erholungspark Nordstrand

| Springbrunnen im egapark

| Wohnen, Leben und Arbeiten an der Gera

| Neuer Angerbrunnen

50-Meter-Sportbecken
im Nordbad

Flachwasserbecken mit Erlebnisbereichen im Nordbad

Neue Fußgängerbrücke
am Kilianipark

Historische Häuser am Anger

STADTLEBEN

Erfurter Dom St. Marien
und Pfarrkirche St. Severi

Nachtbeleuchtung vom Dom St. Marien und der Pfarrkirche St. Severi

Vorherige Doppelseite: Domplatz mit Obelisk, Marktstraße mit Allerheiligenkirche und Rathaus Erfurt

Am Ufer der Gera an der Krämerbrücke (links); Kleine Synagoge

Einkaufsgalerie Anger 1

Rathaus Erfurt (links); Haus zum Roten Ochsen und die Statue des Römers am Fischmarkt

POLIZIST
PHOTOGRAPH
SCHWEIZER
Arnold Odermatt

Haltestellen
am Anger

Eingang des neugotischen Erfurter Rathauses

Skatepark (oben)
und Stadtteilpark
Johannesfeld

Markt auf dem Domplatz

| Straßenbahnhaltestelle am Urbicher Kreuz

Hirschgarten mit Springbrunnen vor der Staatskanzlei

Skatepark im Nordpark

Geschäftshäuser
am Anger

GÖRTZ
GÖRTZ
Marc O'Polo

Eingangshalle Hauptbahnhof Erfurt (oben);
Nachtaufnahme vom Hauptbahnhof und Willy-Brandt-Platz

Lutherkirche

Thomaskirche

BUGA 2021
Aussichtsturm
im egapark

BUGA 2021
Sternwarte
im egapark

BUGA 2021
Vorplatz Peterskirche (Ausstellungsgelände Petersberg)

BUGA 2021
Glashaus und GenussHafen
(egapark)

BUGA 2021
Festplatz mit Blumenbeeten (egapark)

ERFURT

Vorherige Doppelseite:
BUGA 2021
Ausstellungsgelände Petersberg

BUGA 2021
Deutsches Gartenbaumuseum, Sternwarteturm (links)
und Aussichtsturm (egapark)

BUGA 2021
Rosenbeitrag der Heiligen Elisabeth (links) und Außengastronomie an der GenussZentrale (Ausstellungsgelände Petersberg)

Köstritzer

BUGA 2021
Wüsten- und Urwaldhaus
Danakil (egapark)

BUGA 2021
Spielbereiche (links);
Ausstellungsgelände
egapark

BUGA 2021
Begehbare Spitze des
Aussichtsturms im egapark

BUGA 2021
Spielplatz zwischen Rundbau Café und Wasserspielplatz
auf dem Bugagelände im egapark

BUGA 2021
Springbrunnen im egapark

BUGA 2021
Gartenbau- und Landschaftsarchitektur-Details vom Ausstellungsgelände Petersberg und egapark

Wohnsiedlung am Katzenberg,
Melchendorf

Bild rechte Seite:
Hochhaus an der Ecke
Moskauer Straße und
Budapester Straße

Hochhaus an der Ecke
Budapester Straße und
Straße der Nationen

| Wohn-und Geschäftshäuser an der Neuwerkstraße

Wohnanlage am Overmannweg

Wohnanlage zwischen Leipziger und Geschwister-Scholl-Straße (ganz oben); Siedlung am Holunderweg; Auenhöfe (Bild rechts)

Wohnanlage am
Heinrich-Hübschmann-Ring

Wohnhäuser an der Wilhelm-Külz-Straße

Siedlung am Mahlmühlenweg

| Gartenanlage Nordblick

Bild linke Seite:
Wohnblock an der Friedrich-Engels-Straße

Wohnanlage an der Warschauer Straße, im Hintergrund die Radrennbahn Andreasried

Wohnanlage an der Prager Straße